# COLORIAGE

## POUR LES PETITS

MON P'TIT HEMMA

À LA PÊCHE
AVEC PAPY.

# REPASSE

SUR LES POINTILLÉS POUR FORMER LA BARQUE.

Lire des histoires avec maman.

DESSINE

LEURS MOUSTACHES.

ON BRICOLE
AVEC PAPA.

COMPTE LES OUTILS.

# UNE BALADE EN TRACTEUR AVEC TONTON.

## DESSINE

LES OREILLES DE TONTON.

Les cousins construisent une cabane.

**REPASSE** SUR LES POINTILLÉS POUR DESSINER LE TOIT.

DÉGUSTER DES CHAMALLOWS ENTRE SŒURS.

## COMPTE LES ÉTOILES.

Cuisiner avec Tatie.

**DESSINE** LES FLEURS SUR SON TABLIER.

UNE SORTIE EN FAMILLE.

**DESSINE**
**LE SOLEIL.**

## JOUER AUX CARTES AVEC GRAND-PÈRE.

COMPTE
LES CARTES.

PARTAGER UN BAIN
AVEC SON FRÈRE.

**DESSINE**

**LA DOUCHE.**

S'AMUSER
ENSEMBLE.

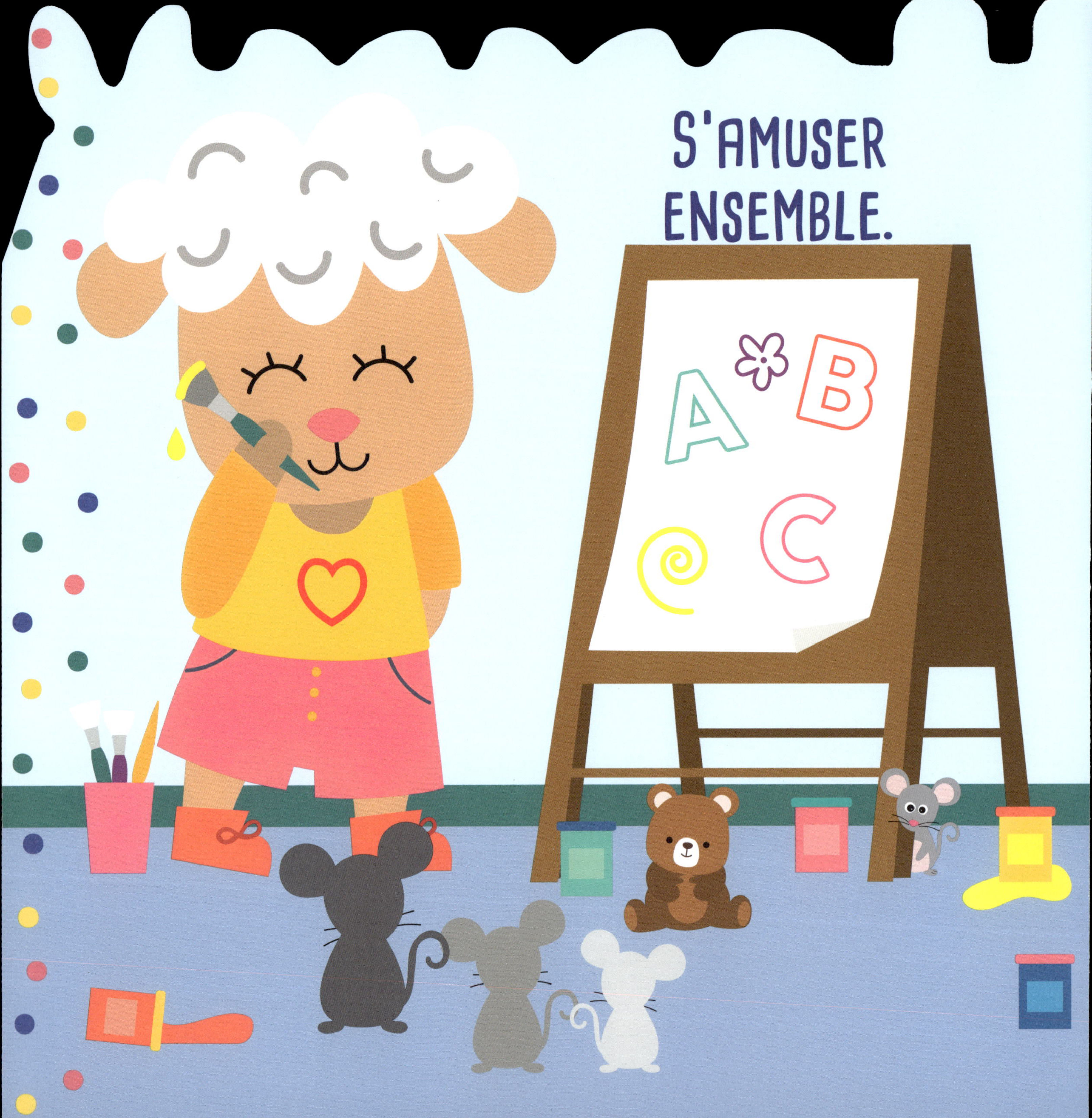

## DESSINE
LES LETTRES AU TABLEAU.

# APPRENDRE SA LEÇON AVEC PAPA.

**DESSINE** LA QUEUE.